송영희 시집

상상인 시인선 077

한 줌의 고요가 벽에 걸려 있고
뿌리 없는 고통이 숨결처럼 차오르는
그냥이라는 말 한마디

*본문 페이지에서 한 연이 첫 번째 행에서 시작될 때에는 〈 표기를 합니다.
*저자의 의도에 따라 작품의 보조 동사와 합성 명사는 띄어쓰기가 달라질 수 있습니다.

시인의 말

시는 따뜻한 밥이다

허기가 질 때마다
맨 먼저 시가 내게 다가왔다

한 그릇의 생각을 껴안고
추운 밤을 보낸 적이 있다

차례

**1부
조금씩 지워지는 오늘**

겨울이 놓고 간 수선화	19
결	20
전복은 물의 피부를 갖고 있었지	22
김밥	24
불협화음	26
마지막 몸짓	28
사라진 기억	29
꽃 원피스 꽃잎이 접힐까 봐	30
고장난 풍경이 된 언어들	31
돌아올 수 없는 것들	32
반단이	34
꿈 발레리나를 죽이다	36
슬픔에 길들다	38
그냥	39
방전	40
친구는 오수	42

2부
풀 향기의 날숨과 산책자의 들숨

왜 몰랐을까	47
리모델링	48
낡은 잠바	50
지니	52
잃어버린 엄마	54
주인 없는 무덤	55
가로수 길	56
백지웃음	58
동행	60
보이스피싱	62
금자	64
폐역廢驛	66
수조	68
그녀의 우울	70
당신은 그곳에 있습니다	71
백 년 후의 나	72
단팥빵	74

3부

순간순간 어둠의 틈에 끼는 것을 보았다

북	79
지워지지 않는 하루	80
육십 대의 수다	82
채굴되지 않은 어느 날	84
생각이 방전되다	86
몰디브	88
미션	90
길 위의 기도	92
지워진 얼굴	94
색시비	95
탐색의 시간	96
흑백사진	98
유언장을 품은 당신	100
생강차가 된 종이	102
절반은 사라지고	104
목마른 등	105
이름을 짓다	106
폐기된 하루	108

4부
주술에 걸린 사람처럼
다시 새장으로 걸어갑니다

자미원역	113
그리운 망각	114
속 터져	116
이력서에 아직 발이 시리다고 적었다	118
우리들의 백구	120
창문에 가을 하늘 들여놓고	122
독거노인	124
새벽 두께	125
여자의 나이테	126
시한부	128
화살기도	130
돌아오지 않는 시간	132
그때 그 만두는 라디오였네	134
숨비소리	135
네잎클로버 없는 오월	136
호스피스	138
늙지 않는 책상 서랍	140

해설 _ 현재를 구성한 과거의 시간과 축적된 질서	143
마경덕(시인)	

1부

조금씩 지워지는 오늘

겨울이 놓고 간 수선화

겨울이 허물을 벗자
꽃밭 한 귀퉁이가 수상했다
불쑥 올라온 지푸라기를 들춰 보니
수선화가 속살 드러내며 떨고 있다

사방으로 흩어진 봄볕을 끌어 앉히자
긴장한 수선화 표정이 편안해진다
찬바람과 노닥거리는 새들은 겨울잠 깨우고
햇살에 볼을 비비는 수선화 대궁은
짧거나 긴 간격으로
만개할 꽃들이 숨죽여 있다

숨찬 바람과
줄다리기하던 풋풋한 햇살이
찻잔 속으로 내려앉자
푸릇푸릇한 연두와 새소리가 섞여
가슴에 봄이 들어왔다

결

돌에도 결이 있다
쓰다듬으면 상처도 보인다
수없이 깎이고 웅크리면서 멍도 커졌다

한때는

거대한 돌덩이였다가 작은 돌멩이가 되어
몸부림친 흔적이 결 따라 묻어 있다

깃털처럼
바람이 흘리고 간 얼룩이 지워지고
물기마저 메마른 숨소리가 희미하다

어느 농부의 괭이 날에 이마를 찍혔을까
반쯤 갈라진 흔적이
지평선 거리를 재고 있다

사방으로 누워 버린 돌의 눈동자
이제까지 지고 온 생의 무게에
얼굴을 묻고

한 줌 흙으로 가기 위해 마른바람으로 뒹굴고 있다

흔들리는 결 속에
몇 겹의 고요가 앉아 있고
조금씩 지워지는 오늘

전복은 물의 피부를 갖고 있었지

눅눅한 습기를 안은
너를 처음 보았을 때
이게 뭔가 했어
그런데 목이 없고 발도 없었어
뒤집어 보니 일어날 수 없는 거북이와 같았지

징그러운 네 몸에 손끝을 대자
불안한 듯 온몸을 움츠렸지
한편으론 느릿느릿 움직이며
죽음을 세고 있는 것 같았지

살아 있는 너를 손질하며
비릿한 물의 피부를 갖고 있다는 것을 알았지
다시 돌아가지 못할 고향
칼끝에서 너의 맥박 소리 들려오고
묻어온 물빛마저 거뭇거뭇했지

등껍질이 해체되면
질펀하게 쏟아 놓은 설움으로
너는 한동안 난청을 앓았지

〈
도마 위에 올려진
너는
온몸을 감싸준 물의 혀를 생각하며 눈을 감고
나는
작게 쪼개진 바다를 바라보며 눈을 감았지

김밥

윤동주와 백석 이상 김소월을 넣고 김밥을 쌌다
욕심이 과했나
김밥 옆구리가 터졌다
터진 옆구리 사이로
윤동주 이상 백석이 빠져나가고
김소월만 남았다

햄과 맛살을 좋아하는 이상
우엉과 계란말이를 좋아하는 동주
시금치와 단무지를 좋아하는 소월
김을 좋아하는 백석
다 어디로 가고 김소월만 남아
시금치가 역겨워 가실 때에는
단무지 하나 들고 가시옵소서
고장 난 테이프처럼 그 자리를 맴돌고

온전히 밥 한 줄 말지 못한 탓에
어우렁더우렁 한몸이 되면
장금이도 울고 갈
밥꽃이 될 텐데

시꽃이 될 텐데
복창을 해보지만
방향을 틀은 단호한 뒷모습만 보였다

무언지 모를 뭉클한 것들이 다가오면
윤동주 백석 이상을 주물러 수제비를 해야겠다

빠져나가지 못하게…

불협화음

새장 안은 불협화음으로 시끄럽습니다
주식이 반토막 나자
어제는 그의 팔걸이가 되어 주고
오늘은 그의 소파가 되어 주고
내일은 그의 밥이 되어 줄 건데 소중함을 모릅니다

나는 동그라미라고 말하고
그는 네모라고 말합니다
그가 던진 문장들이
날파리처럼 귓전에 윙윙 맴돌면
벌겋게 달아오른 몸은
새장을 빠져나와
쌓였던 애정을 날려 보냅니다

저녁이 부풀어 오르면
갈 곳 없는 나는
어둠의 바깥에서 안쪽으로 파고듭니다
내가 머물렀던 곳에 불이 켜지면
주술에 걸린 사람처럼
다시 새장으로 걸어갑니다

〈
너무도 오랫동안 그곳의 밥을 먹은 탓입니다

마지막 몸짓

 그녀의 일상적인 세끼의 밥, 세 번의 양치질, 커피 한 잔, 평범했던 일상이 가로등이 점멸되듯 암세포는 입안에 뿌리를 내리고, 크고 작은 덩어리가 목 뒤까지 퍼져 갈수록 동공은 앞으로 튀어나왔다, 숨 막히게 질주하는 불안과 초조는 얼굴에 흉터로 남아 붉은 동백꽃처럼 핏물이 뚝뚝 떨어졌다 신호등은 멈춰 섰고 그믐에 달빛도 사그라지던 날 목쉰 뻐꾸기를 뒤로 하고 차디찬 샛별이 되었다 서러운 분노도 바람에 실려 보내고 거울 앞에 섰지만 그녀의 모습은 보이지 않았다 수레국화 피어있는 산허리에 그녀를 묻고 집으로 가는 시내버스 창가에 나지막이 들리는 소리 "나으면 너랑 치맥 한잔하고 싶어" 그녀가 나에게 보낸 마지막 몸짓이었다

사라진 기억

햇볕은 아직도 저리 따뜻한데
어디로 가야 할까

괜찮을 거라고
안녕할 거라고
말은 했지만

60년이 사라진 지금
어느 행성에 무언가 두고 온 듯
자꾸 뒤를 돌아본다

언제부턴가 몸은 있으나 영혼이 없고
목소리만 허공을 훑고

어디서부터 시작되었을까
얼마나 더 달려가야 할까

빛바랜 사진 속의 인물이 나를 바라본다
사진에서 분리된 두 눈에
노을이 든다

꽃 원피스 꽃잎이 접힐까 봐

 언덕길에 치맛자락 휘날리고 분 향기 흘리며 나들이 간다 아버지의 유일한 선물은 오일장에서 고른 꽃 원피스 하나, 색도 바랬는데 엄마는 한 벌뿐인 그 옷을 애지중지하셨다 늘 입고 나면 빨아서 벽에 걸어 두었다

 하루는 구겨지지 않는 나일론 옷을 왜 걸어 두냐고 묻자 꽃잎이 접힐까 봐 그래, 젊어서 혼자된 멍울진 한, 가진 것 없고 무서운 것도 없는 엄마지만 가끔은 텅 빈 방에서 꽃잎의 흐느낌을 보았다

 그녀의 피와 살로 살찌우던 우리는, 그녀의 마음 하나 헤아리지 못했다 세월이 가면 청상과부의 슬픔도 잦아들 줄 알았는데, 그리움을 꽃잎 속에 접어 두고 치매가 되어 꽃이 꽃인 줄 모른 채 시간의 바깥으로 나앉은 엄마, 초침도 멈춘 방에 꽃 원피스만 벽을 덩그러니 지키고 있다

고장난 풍경이 된 언어들

나 어떡해
부엌 불을 끄라고 말한다는 것이
여보, 부엌 냉장고 좀 꺼 줘

나 어떡해
차에 기름은 다 채웠어? 물어본다는 것을
여보, 차에 잉크는 다 채웠어

나 어떡해
병뚜껑을 따 달라는 말을
여보, 문 좀 따 줘

며칠 전 누웠다 일어나면서
여보, 감기 기운이 있나 봐
뭐라고 유산기가 있으면 빨리 병원에 가 봐

남편까지 중독시킨 나는
말에서 나를 잃고
창가에 웅크리고 앉으니
휘영청 밝은 달이 만삭의 몸으로 내려와
어깨를 토닥인다

돌아올 수 없는 것들

그날도 함박눈이 내렸지
간간이 개 짖는 소리와
눈보라가 내 몸을 휘감고 있었지

가로등은 눈발에 흐릿해지고
뒤척이는 어둠이 혈관 속으로 파고들면
돌아서서 걷는 발자국만 하염없었지

오래전 돌아갈 것들이 제자리로 갔으나
눈만 내리면 어느새 그날 밤으로 돌아가
마을 어귀 정거장을 서성이고 있었지

쓰러지지 못한 설움이 다 쓸려 가면
반쯤 미쳐 버린 날들을 고정해 놓고
눈송이를 헤아렸지
웅크린 고요 속 기억이 끼어들고
그늘진 모서리가 보이면
젊은 날의 허기가 가슴속에 자리 하나 내어 줬지
〈

돌아올 수 없는 것들이 우는 밤이라는 걸
그때야 깨달았지!

반닫이

몇 시간째 반닫이 옆에 구겨진 할머니
한숨이 주름진 허공에 쏟아져 내렸다
그렁그렁한 눈으로 아버지가 만들어 준 건데
새집으로 가져갈 수 없다고 맡아 달란다

안방에 들이고 보니
검은 땟자국에 해묵은 온기가 녹아내리고
나뭇결에는 할머니의 손때가 묻어 있다
며칠이 지나자 오만 원에 사라고 왔다
팔아야 잊어버릴 것 같다고
낮고 차분한 음성은 소리 없는 비명 같았다
상처 난 가슴을 꿰맬 수 없어
아무것도 묻지 않았다

8개월이 지난 어느 날
부고장과 함께 오만 원이 되돌아오던 날
말을 잊지 못하고 밀랍처럼 굳어진 몸
할머니 뒷모습도 어깨도
너무 멀리 보여 눈을 감는데

반닫이 쪽문이 열리면서 할머니가 걸어 나오셨다
핏물처럼 고이는 목소리
"잘 쓰구려"
채 마르지 않는 눈물이 사방으로 번졌다
반닫이는 할머니의 아버지였다

꿈 발레리나를 죽이다

어릴 적 장기 자랑이 있던 날
상으로 주전자를 받고
나의 꿈은 발레리나가 되었다

시름시름 앓는 엄마는 헛된 꿈이라고
거친 말을 내뱉었고
나는 나를 예쁘게 포장하고 싶었다

물기 먹은 가난은 검은 그늘막에 갇혀
빠져나오지 못하자
막다른 골목이 나를 조여 왔다
가난의 틈새에서 계산될 수 없는
꿈의 거리를 재며 발레리나를 죽였다

젖은 날개는 그늘을 등에 지고
기댈 곳 없는 미움이 웃자랐다
수많은 간이역을 거치면서 형편이 나아지자
아직 떨이하지 못한 반생의 꿈이
가끔 몸밖으로 뛰쳐나와 날고 있다
〈

더듬거리는 발목이 허방을 짚어도
빙글빙글 도는 꼭짓점은 늘 즐거웠다
태엽을 돌리면 느릿느릿 몸속을 흘러 다니는
죽였지만 살아 있는 발레리나
곳곳에 숨어 있는 모래 수렁처럼
차이코프스키 음악이 흐르면
또다시 발레리나는 내 몸을 통과할 것이다

슬픔에 길들다

너를 보내고 돌아와
홀로 저려 오는 새벽
밝히지 못한 마음에
어제의 계절이 다가옵니다

생각이 끝나는 길에서
흐르는 눈물로
너를 지웁니다

언제부턴가
들판에 들꽃 흩어지면
나는 그리움에 길들여집니다

내가 잃어버린 조각들
네가 언제나 간직해 줘

너는 나니까

그냥

혼자 사는 친구에게서 전화가 왔다
무슨 일로
그냥

생. 각. 이. 나. 서
흐릿한 목소리에
꽃피는 봄날의 공허함을 들켜 버린 친구

남편을 앞세우고 혼자 살아온 십 년
자궁암 임파선암 주렁주렁 매달고
투병 십오 년
슬픈 저녁을 책갈피에 끼우고 먼지처럼 늙어 간다

한 줌의 고요가 벽에 걸려 있고
뿌리 없는 고통이 숨결처럼 차오르는
그냥이라는 말 한마디

보고 싶다는 말보다는
더 보고 싶다는 말
방안 구석구석 수북이 쌓여 있다

방전

찬바람이 스산하게 불자
따스한 온기가 필요했다
여보!
건초 같은 말에 화들짝 놀라 가까이 다가온다

몸이 방전되었나 봐
안아 줘야 할 것 같아
가까이 오지 마!
내 몸에 남아 있는 것까지 다 방전되니까

심장이 중심을 잡는 듯싶더니
우지끈 뒤틀린다
건조한 가슴이 잘게 부스러지더니
마음마저 허공의 계단을 오르고 있다
어디서 어디까지를 나라고 해야 하나
달이 사그라지듯
사랑의 표피층이 쓸쓸한 무게로 사라졌다

때론 나의 목소리에 감전된 적도 있다는 그였는데
허망한 갈증으로 눈을 감아 버렸다

이젠 무뎌지는 움직임마저 단절되고
눌어붙은 우울함에
끈적하게 묻어나는 추억의 그림자들
젊은 날의 아름다운 이야기를 빼곡히 적어
양복 안주머니에 몰래 넣어 두었다

친구는 오수

친구의 이름은 오수다
할아버지께서 모든 일이 물처럼 잘 흐르라고
지어준 이름인데
성이 오 씨라
썩은 물이라는 단어가
문신처럼 따라다녔다

아이들과 한바탕 싸우고 나면
학교 뒷산에서 울음소리가
라일락 향기를 타고 교실 안까지 내려왔다

복숭앗빛 얼굴 위로
아껴둔 눈깔사탕 하나를
친구의 주머니에 넣어 주었다
그 뒤 포대 자루 같은 그늘이 사라지고
나만 보면 배시시 웃었다

멋쩍은 웃음이 라일락꽃에 머물던 날
전학 간다는 말을 듣고
몽당연필 두 자루를

내 손에 쥐여 주던 손이
이제는 하수 정화 처리장 사장이 되어
이름을 말끔히 지우고 있다

가슴에 얼마나 많은 옹이가 고였으면…

2부

풀 향기의 날숨과 산책자의 들숨

왜 몰랐을까

잠들지 못하는 날에
남겨진 생각의 한 페이지

무의식 저편에서
무슨 소리가 들려오면
온 길을 되돌아보고
갈 길을 내다본다

이따금 멈추고 쉬어갈 때

삶은 풍요롭고
깊어짐을 왜 몰랐을까

비움은 채움의 시작이라는 것을

너무 늦지 않았다는 걸
되돌아서 시작하면 된다는 걸
삶은 머리가 아니고 가슴이라는 걸

리모델링

커튼이 걷히고 상담실에서
바비인형 같은 여자가 다가온다
가져간 사십 대 사진은 또 다른 나의 얼굴
사진과 나를 번갈아 가며
동일인 맞으시죠
그의 물음에 나는 한없이 작아졌다
작전을 수행하셔야죠
컴퓨터에 내 사진이 스크랩되고
프로젝트가 시작되었다
눈은 3.5밀리 처졌고
팔자주름은 2밀리 파였고
옆 턱은 2센티 늘어났네요
올리고 당기고 줄이고 거기에 쌍꺼풀까지 하니
화면에는 20년 전 여인으로 돌아와 있다
프로젝트가 완성되려면 얼마지요
이천만 원
그는 웃고 나는 울었다
색색의 젊음은 다 어디로 가고
결혼 후 30년이란 시간이 나에게 준 선물
서러움 내려앉아 카드를 긁었다

개월 수를 부풀려 보았지만 한도 초과
찬바람이 불고 내 이름도 사라졌다
바비인형은 입을 닫고 나는 고요했다
까맣게 번지는 육십의 나이
스텐 냄비보다는
뚝배기 같은 모습이 좋다는 남편의 말을
가방 속에 집어넣고 나왔다

낡은 잠바

준비되지 않았던 아버지와의 이별
눈보라는 길 잃어 같은 자리를 서성이고
고양이 울음으로 어둠을 짓는다

죽음과 이별이 무언지도 모른 채
바람은 세상에 없는 음성을 전해주고
밀랍처럼 굳은 몸은
불빛을 점멸시켜 버렸다

계절과 계절이 접히면서
헐거워진 아버지의 얼굴
날 선 바람은 나의 가슴을 토닥이고
커다란 나무는 그림자 하나 남기지 않은 채
잘려 나갔다

잘려 나간 흔적 속에
얇은 종잇장 같은 아버지
비누 거품 되어 사라지고
나는 그 거품을 잡기에 골목길을 헤집는다
〈

땅거미보다 더 무겁게
가라앉은 아버지의 음성
온몸에 구멍이 뚫린 채
허허로움에 숨죽여 파도 같은 신음을 내고

아버지가 가슴에 차오르면
남겨진 아버지 낡은 잠바에 얼굴을 묻는다

지니

지니야 텔레비전 틀어 줘
지니야 소리 좀 높여 줘
지니야 노래 틀어 줘
지니야 3번 틀어 줘
저녁 내내 상냥하게 부르는 이름은 지니였다

말의 온도는 얼마나 될까
관심과 무관심 사이에서
보이지 않는 여자에게

마음이 출렁거렸다
누가 내 이름을 저렇게 다정하게 부른 적 있었던가

생명 없는 여자에게
살아있는 여자가 빠져든다
따뜻함에 탑승하고 싶을수록
보이지 않는 목소리에 지문이 찍힌다
소리에 부음을 내고 싶었지만 말을 삼켜버렸다

나이 들어가며 마주 볼 수 있다는 것은

보이지 않는 것까지 안다는 것
시린 바람이 헐렁한 바지 사이로 스미는데
시중드는 여자 한 명쯤은 눈 감을 수밖에

잃어버린 엄마

무얼 먹어도 허기진 나는
엄마의 딸

눈동자를 들여다보면
이미 그곳에 어머니는 없었다

담배 공장에서 잃어버린 손가락에
달빛은 사라지고
기도가 쏟아져 내릴 때
눈물도 한숨도 징검다리 놓아
새털처럼 가벼워진 어머니

봄볕 좋은 산등성이에
온기를 묻던 날
그녀가 남기고 간 웃음이
깃털 같아서

나는 산비둘기처럼 울었다

주인 없는 무덤

매미산 중턱
잡초로 뒤집어쓴 봉분 하나가
평지가 되어가고 있었다

한때는 높은 키에 울음소리도 많았건만
수십 년이 흐른 뒤 그림자는 점점 낮아지고
등산객의 발자국에 슬픈 고백마저 묻혔다

가끔은 물안개가 올라와 안부를 묻지만
비석마저 사라진 지금
젊은 날의 화려함에 대해
죽은 자는 말이 없다

오래전 주인이 놓아 버린 손
쓸쓸함마저 소멸되고
대지가 토해 놓은 냉기만 바닥을 뒹군다

찾는 이 없는 이곳에
과거란 바람 하나 호흡을 불어넣으면
풀 향기의 날숨과 산책자의 들숨이
사라져 가는 봉분을 지키고 있다

가로수 길

집 앞 도로에
노란 은행잎이 가을 끝을 붙잡고 있다
미화원은 가을이 귀찮은지
잔가지를 긴 막대로 후려친다

우수수 떨어지는 나무의 눈물
가을의 향기가 포대에 담긴다
아저씨 이 낙엽 그대로 두세요
시인의 퉁명스런 말이 바닥에 깔렸다

발끈한 아저씨
아파트 동 호수 알려주세요
지금껏 쓸어 담은 낙엽 배달시켜 드릴게요
정수리에서 물방울이 뛰어오르고
황급한 걸음 뒤로
긴 막대가 따라오는 것 같았다

가을의 재고가 바닥날 때까지
낙엽을 싣고 겨울 입구로 달리는 미화원
손가락의 통증도 잊은 채

게워낸 마른 잎에 파지처럼 구겨진 몸
고단한 하루가 노랑에 엉글고 있다

백지웃음

생사를 넘긴 폐허 속에
전쟁이 남긴 꽃 한 송이
머리에 달고
그녀의 웃음은
하루의 해와
하루의 달이 짧았다

정신이 빠져나간 몸짓은
시간이 삭는 줄도 모르고
온종일 거리를 헤매며
모든 사물에게 웃음으로 화답했다

백지의 웃음 앞에
헐렁해진 바람만이 그녀를 바라볼 뿐
그녀의 주위에는 아무도 없었다
새벽은 불투명하고
어둠은 빠르게 허물어져 갔다

목마름을 숨겨 두고
꽃잎으로 지던 날

고달픈 삶 속에 숨결을 묻은 채
토해낸 슬픔이 너무 커서
아직도 그녀의 묘지에선 웃음소리 들린다

동행

앞코가 터져
숨을 깔딱이는 운동화가 측은하다
신발의 인연은 십여 년 전
오일장에서 내 손을 움켜잡았다
내 손에 잡힌 운동화
한동안 살갗이 닿을 때마다 안부를 묻고
나에게 발목 잡힌 그는 쇼윈도의 운동화보다 더 편안하게
익숙한 동행을 길게 늘이고 있었다
여행을 갈 때마다 앞장섰고
발의 온도는 높아만 갔다
나일강을 지나
에펠탑을 지나
잘츠부르크를 지나
퀘벡에 오기까지
그려주던 지도는 발밑에 있었다
더 먼 곳을 동경했을까
빼곡했던 일상에 주저앉아
찢긴 몸이 되어 영영 감을 수 없는 몸으로 나를 바라본다

걸음은 캄캄한 신발장 속에서 멈춰 버렸고
그의 질긴 노동에 고개 숙인 나는
더 이상 같이 할 수 없어 마지막 인사를 한다
몇 겹의 정적이 검은 봉지 안으로 따라 들어오고
그는 떠났지만 그의 온기가
빈자리에 앉아 있다

보이스피싱

청소를 마치고
모차르트와 마시는 차 한 잔은 달콤했다
찻잔에 온기가 식을 무렵 전화벨이 울렸다
여보, 여보…
소리만 대여섯 번 달콤함은 사라지고
외국 출장 중인 남편의 목소리가 다급했다
차 사고가 있었는데
지금 천만 원 안 주면 교도소로 이송된대
남편의 목소리는 차갑게 굳어 있었다

절망과 불안이 선 하나 사이에 오고 가고
바짝 타들어 가는 입술 사이로
삼킬 수도 뱉을 수도 없는 고통이 심장까지 조여 왔다

계좌번호를 받아 적고
반토막의 숨소리마저 수감되었을 때
빨래처럼 증발한 내 몸

남편에게 듣고픈 마지막 말
여보, 내 이름 한 번만 불러 줘

한 번만
침묵이 줄을 잇더니
'씨발년'

뚜뚜뚜…
귓속을 맴도는 신호음이 거짓의 옷을 벗고 있었다

금자

전학 간다는 말 한마디만 남기고 떠난 금자
토끼풀 엮어 팔찌 만들고 오총사가 되던 날
20년 후 다시 만나자는 곳은 학교 뒷산 느티나무 아래

사는 게 바빠서일까
그 약속을 까마득히 잊고 살았다
한 통의 편지를 받고서야 20년이 지난 걸 알았다
회비는 자기가 좋아하는 음식 한 가지
김밥을 싸서 그곳에 가 보니
순덕이는 김치부침개, 향자는 잡채, 봉덕이는 떡볶이로
돗자리를 깔고 있었다

발등으로 떨어지는 추억을 털어내며
표정들이 나뭇잎에 걸려 왁자지껄할 때
다가오는 남자 한 명
"저는 금자 신랑이래요
금자는 석 달 전에 교통사고로 죽었더래요"

지그시 입술을 깨물며 내민 보따리는 만두였다
금자가 무척 좋아했던 만두

지나간 시간의 길이만큼 가슴이 무너져 내리고
슬픔이 만두소처럼 쏟아져 내렸다

시간의 두께와 어둠의 깊이는 얼마나 될까?
강원도 산골로 들어가 이름마저 지워버린 금자
금자의 마지막 유언을 한입씩 베어 물자
젖은 슬픔에 간간이 끼어드는 새 울음도
나뭇가지에 밀봉되어 들리지 않았다

폐역廢驛

벚꽃이 흩날리는 간이역
모든 것이 정지된 시간
역사驛舍에는 자물쇠가 채워지고
다니던 기적소리도 함께 묶여 있다

학교 가던 귀남이
개장수 봉팔이 아저씨
떡 팔던 순자 어머니
지금 어디서 무얼 할까
녹슨 철로에는 풀꽃이 무성한데
세상에서 밀려난 기차 소리는 영영 돌아오지 않는다

정겹던 시간이 접힌 역
먼 길 같이 한 길이만큼
만남과 이별의 수는 얼마나 될까
언제 꺼질지 모르는 백열등은 사위어 가고
차창에 붙은 벚꽃 몇 잎 침묵 속에 그리움을 들춰 본다

유년의 그 많던 발자국은 어디에도 없고
차디찬 회오리바람만 불고 있다

녹슬고 헐거워진 기찻길
적막이 상처를 보듬고 있다

수조

이곳은 사각의 감옥
바다를 걸어 나온 후에야 흘리는 눈물
물인지 눈물인지 알지 못한다
이 잔잔한 수조에서 바다보다 더 거센 파도를 만나
휘어버린 허리가 출렁인다
누가 이곳에 비늘 몇 점을 남기고 사라졌을까

죽음의 냄새가 비릿하다

삶은
납작 엎드려 바닥과 한몸이 되어야 산다
생의 몸부림에 뜰채는 중심을 잃고
도마 위에 던져진 몸은 물의 옷을 벗으며
겁에 질린 아이의 입술처럼 떨고 있다

파고드는 칼날에 출력되는 몸뚱어리
여러 개의 평평한 바다가 접시 위에 가지런히 진열된다
안부가 궁금한 파도가 횟집 문을 두드리면
튕겨진 눈알들이 문밖까지 걸어 나와 바다를 지운다
〈

마지막 남은 아가미의 숨결이
앙상한 뼈를 달래고
문밖에선 산목숨 먹겠다고 대기 중이다

비린내를 토해낸 마량포구
날이 저문다

그녀의 우울

거리엔 발자국이 무성한데
무엇을 쓸어안고 싶었을까
비우지 못해 밀려온 종점
되돌아오는 길을 모르니
몇 날은 부서지고 휘어지면서
몇 겹의 방황이 침묵처럼 깔려 있다

길을 찾지만 돌고 돌아 언제나 그 자리
그늘의 무게로 구겨진 바닥에 앉아
와인 한 잔으로 생을 조율했다

더 디딜 수 없는 곳에서
누군가 그녀를 부르지만
허기진 귀를 세워도 들리지 않았다

바람의 절벽에서
흑백의 사진마저 지워져 가는 오늘
제 살 모두 녹여 쉴 곳을 찾지만
그녀의 가슴속엔
우울이 너무 많아 쉴 곳이 없다

당신은 그곳에 있습니다

 당신이 죽고 난 뒤 화장 하는 법을 잊어버렸습니다 마음이 어디로 가고 있는지 몸부림치며 지켜내고 싶은 것이 하나도 없었습니다 매미의 허물처럼 버석한 껍질만 남아 끝이라고 시작한 시간이 또 다른 시작이 되어 달려들었습니다 다시 못 올 오늘이라는 것을 알지 못하고 마음에 위로라는 단어도 몰랐습니다 삶의 한 구간을 벗어놓고 상처도 버릴 수 없어 온몸에 지니고 다녔습니다 손에 닿지 않는 머나먼 곳을 동경하다가 눈물 없이 당신의 죽음을 세어보다가 고장 난 시계처럼 멈춰 섰습니다 합류하지 못한 바깥 어디쯤 나를 버리고 눈먼 당신의 전생을 하얗게 지우고 싶었습니다 지우려고 하면 할수록 날마다 기억은 번식되고 당신이 있는 곳으로 다시 걸어갑니다

백 년 후의 나

이승에서 저승으로 어느 지점에서 환승했을까
족보에 이름 석 자도 낡아서 희미해졌다

나를 받아준 작은 느티나무는
고목이 되었고
뼛가루마저 흙이 되었다
아무도 찾는 이 없는데
수없이 흔들어대는 나뭇잎은 누굴 향한 손짓일까

고조할머니 명찰 달고
전생의 힘을 빌려 책꽂이에 끼워 둔
수필집과
시집으로
백 년이란 시간의 간격을 좁힐 수 있을까

나를 끌고 간 펜이 나의 일생을 대변하고
기울고 주저앉은 삶을 지탱해 준 글이
발이 닿지 않는 허공이 아니길 빌었다

스치지 않았어도 먼 훗날 눈에 담겨

지워지지 않는 이야기가 된다면
서로의 소통이 된다면

가슴이 없어 느끼지 못하고
머리가 없어 답도 없지만
그리움을 잔고로 남겨 두고
그들이 쉬어가는 정거장이 되고 싶다

단팥빵

병마로 온몸이
종이처럼 얇아지더니
불 꺼진 방에 누워 있는
아버지의 굽은 등

어쩌다 만지면 사라질 것 같고
불을 켜면
영영 일어날 수 없을 것 같은

단팥빵을 옆에 두고 나오는데
방문을 따라 나오는 다정한 목소리
나는 세상에서 단팥빵이 제일 맛있더라

꾹꾹 눌러둔 감정이 내 귀에 걸렸다
환한 웃음 뒤로 신호등이 점멸되듯
홀연히 시간 밖으로 나앉은 아버지

문을 열고 들어섰지만
숨죽여 기도하던 작은 몸은 어디에도 없었다
방 한가운데 놓고 간

〈
단팥빵

아버지의 마지막 웃음이었다

3부

순간순간 어둠의 틈에 끼는 것을 보았다

북

한때는 산짐승이었다
외마디 비명을 남기고 사라진 몸뚱이
어느새 북이 되어 북채 맞으며 울고 있다
죽어서야 내는 저 소리
몇천 번의 무두질로 무늬마저 지워 가며
제소리에 목을 축이고 천천히 일어서는 소 한 마리
애절한 가락들이 어딘가 흘러갈 곳을 찾는다

오래 묵은 울음까지 끌어낸 소리
손에 잡힐 것 같은 파들거림이 온몸을 떨게 한다
손아귀에 촉촉이 번져가는 물기는
몸을 던진 설움에 지울 수 없는 눈물자국
외마디를 남기고
어느새 북이 되어 비명처럼 울고 있다

전생과 이생을 이어준 울림통에선
하늘을 향해 울었던 흔적이 남았고
또 다른 생은 샘솟는 가락이 되어
허공에 몸 자국을 찍고 있다

지워지지 않는 하루

몸의 중심을 잃었다
화장실 바닥을 움켜쥔 피의 냄새
쓰러진 내 몸에선 지금은 아니라고
내가 가야 할 유일한 통로가
나로부터 떠나야 하는 오늘이라면
신에게 내 명의로 된 생명줄을 이어달라고 간절히 기도했다

지켜주고 싶은 의사들이
나를 위협하는 신경세포를 따돌리고
죽음 밖으로 내몰리지 않으려고
알 수 없는 기계들로
속까지 하얗게 뒤집어 볼 때마다 겁에 질려 있었다

어둠의 소용돌이 속에 목화솜 같은 가벼운 영혼이 될 무렵
지워지지 않는 하루와 내일을 수북이 쌓아 놓고
재생의 버튼을 누르고 있다
생의 마침표는 지워지고 나를 지켜본 식구들은
하얀 멀미만 삼키고 있었다

〈
기립성저혈압은
무너진 내 몸에 잔고로 남았고
절벽 위에서 뒤돌아본 나는
꽃의 언어를 들을 수 있어서 다행이었다

육십 대의 수다

창문으로 실바람이 불어왔다
커피 한 잔을 앞에 둔
식후의 수다는 끝없는 이야기로
오후가 굽어지고 있었다

남편의 이야기가 등장하자
우리는 설거지와 청소를 해 줘
우리는 강아지 운동과 목욕을 시키지
우리는 시장 봐서 가끔은 밥도 해 줘
우리는 세탁기 돌리고 빨래를 개켜서 제자리에 놓아주지
빈 커피잔 속에는 남편에 대한 수다가
차곡차곡 쌓여 갔다

우리라는 단어가 커다란 산이 되어 다가오자
굽어진 마음으로 집을 더듬기 시작했다
무뚝뚝한 남편
늦은 귀가
혼자 먹는 밥
 우리는 우리라는 단어가 소멸되어 가고 있는 줄도 몰랐다

〈

모두가 나를 쳐다본다

네 남편은?

"아무것도 해 주는 게 없어, 그냥 자기 전에 발마사지 5분"

모두의 동공이 확대되고 수다는 끝이 났다

채굴되지 않은 어느 날

매화 터지는 소리가
샛길로 달려온 지 엊그제 같은데
하얀 눈이 오는 길목에서 남은 며칠 세어 본다

나이테 하나씩 긋고 가는 세월 속
무늬도 없이 지나간 한 해
일상에 줄 긋기 하며
지워지지 않는 그림을 그리기에는 부족했다

달력에 밑단을 덧대어
붙잡고 싶은 날들이 많았지만
오늘의 땟자국만 남기고 사정없이 내일로 치달았다

별똥별 하나 느낌표로 세우며
어제보다 더 무거운 오늘을 받아내고
몇 알의 소금이라도 되어 보려 했지만
서성거리다 넘어간 페이지가 수북하다

너울너울 춤추던 함박눈이 창 두드리면
마침표와 출발선 사이에서 끝내 하지 못한 일을

새 달력에 집어넣고
채굴되지 않은 어느 날을 위해
기울지 않는 하루하루를 지문으로 남기고 싶다

생각이 방전되다

폐암 패소敗訴 폐경
나의 오십 대는 이렇게 시작되었다

사라지는 걸까, 지는 걸까, 닫히는 걸까
생은 막다른 골목으로 치닫고
머릿속에 새겨진 무늬는
길을 잃은 채
바람 가는 방향과 시간의 길목마저 놓쳐 버렸다
할 수만 있다면
신음 소리는 내지 말아야 했다
무언가를 물어뜯고 싶을 때는 낮달을 보고
슬픔을 삼키기로 했다

삭아지는 뼈마디에 침묵을 베고
생의 퍼즐 조각을 잃어버리지 않으려고 고개 돌리면
그림자가 있어서 다행이었다
나는 지금 어느 역을 지나고 있을까
매운바람에 생각 없이 가슴만 울컥거렸다
어둠이 발목에 닿을 때까지 도시를 헤집고 다녀도
쉴 곳은 없었다

〈
달이 떠오르기 전에
사람 사는 세상에서 밀려난 파문을
가슴 한쪽에 묻어 두고 나는 나를 지켜야 했다

몰디브

지중해 바람은 달콤했다
바다는 호흡을 안은 채 펄럭이고
침묵 속에 일렁이는 파도
에메랄드빛 토해내며 모래성을 쌓는다

눈에는 어제 본 가오리가 남아 있고
돌고래의 아침 인사가 따라다니며
지나가는 바람조차 연둣빛이었다

바람 위에 눈부신 햇살들
목 늘여 헤엄치며 놀고
부표 같은 천 개의 섬
단 한 번의 이탈도 하지 않은 채
천 개의 빛을 바다 위에 쏟아 놓는다

석양에 그을린 바다는 포도주가 되어 출렁이고
달빛이 물 그림 그리면
수줍은 별들의 언어가 시작된다

지구 어느 모퉁이가 설렘과 떨림을 동시에 안겨 줄까

신이 빚어낸 자연 앞에 숨결은 오간 데 없고
하루하루를 선물로 받으며
영혼의 안식처처럼 나는 나를 묻었다

어둠이 슬어 놓은 이슬방울들
바다는 허기의 굴곡을 기억하고
숨소리조차 소멸시키는 풍광 앞에

눈 감아 버린 립스틱 같은 바다여…

미션

휴가로 사흘째 방에 널브러진 남편
여유가 없어서
집 나가면 개고생
나는 당신이 해준 음식이 제일 좋아
그의 교과서 같은 말에 상한 마음이 분출되었다
갈증은 보름달만큼이나 큰데
날개 달은 낭만은 어디로 가고 방에 틀어박혀 시간을 지운다

집바라기인 그에게
남자 동창생이 만나자고 전화 왔다
말 한마디 남기고 집을 빠져나왔다
우산 위로 떨어지는 빗방울 소리와 물결들이
노래가 되어 따라왔다

레스토랑의 온화한 불빛
크고 작은 꽃들의 웃음
은은한 음악이 찻잔 속에 잠겨 나를 흠뻑 적셔 주었다
커피를 마시고 일어날 즈음 모자와 안경을 눌러쓰고
007 모습으로 다가오는 그는

몇 해 전 지구보다 더 큰 질량으로
나를 끌어당기던 남편이었다

"동창생은?"
"동창생보다 동반자가 더 낫지."
어설픈 변장을 하고 30분 동안
나를 찾아 헤맸다는 말이 단비처럼 내려앉았다
안도의 한숨은 허기가 되어
스파게티 피자 와인까지 먹어 치웠다

구멍 난 마음이 채워지고 오래 묵은 우울을 떨쳐 냈다
어스름 저녁이 되어서야 우산 속에 두 얼굴을 묻고
오늘의 미션을 수행한 통쾌함에 가슴까지 벌겋게 달아올랐다

길 위의 기도

세계의 지붕 티베트
한줄기 햇빛이 거리를 삼킨다
오보일배 반복이 끝없이 이어지고
신이 삶의 중심이자
뿌리인 그녀 앞에 또 다른 신은 없었다

하루의 해와
하루의 달이 부족하여
떠날 수 없이 결박 지어진 자신의 삶 속에 자기는 없었다

할머니가 가던 길
어머니가 가던 길
쉼 없이 간다

햇빛 속에 녹아내리는 길
길 위에 뿌려지는 기도
기도 속에 신과의 은밀한 속삭임

처음과 끝이 없는 오체투지의 길

신이 닿는 곳에
몸을 비춰 오늘을 노래하고
어둠이 내려앉은 까만 밤의 기도 소리
죽음도 부활도 없는 침묵을 일으켜 세운다

지워진 얼굴

무슨 일로 그리 일찍 구름 되어
허기를 온몸으로 매단 채
시리디 시린 절망의 깊이를 세고 있습니까

살점 위에 숨어 있는 어둠이
죽음도 사랑도 모른 채
아버지의 그늘을 만들고

그 그늘 속에 무성한 아버지의 목소리
지워진 얼굴 위로
발버둥치면 칠수록 내겐 두 눈이 없고
숭숭 뚫린 가슴으로 빗소리 쌓이는데

어둠 속 잠 못 드는 속절없는 그림자
조금씩 빠르게 허물어지는 이 밤
아침은 오지 않고 헐렁한 하루가 뒤집힐 때

나는 아버지의 호흡을 안은 채
목쉰 젓가락 소리를 내고 있다

색시비

망사 같은 색시비가 내렸지
호수에 핀 연꽃은
수줍음에 젖어 나를 바라보고
고추잠자리 잠든 바람을 등에 업고
물구나무선 채로 사색에 잠겼지

시간의 숨소리 섞어 가며
젖은 추억을 껴입을 때마다
생각은 품을 넓히고 쉼표를 찍었지만
시린 가슴은 곧잘 무거워져
기우뚱거릴 때가 있지

빗방울도 없이 내리는 비는
넘치거나 모자람 없이

그날도
색시비는 내리고

떠나가고 난 뒤에
연기였음 생각했지

탐색의 시간

안개비 속에 하얀 찔레꽃
까닭 모를 슬픔이 고여 온다
수없이 매듭을 풀어낸 자리에
누군가의 기도가 있었다

그늘진 골짜기를 걸어온 길 머물고 싶은 어제는 없었다

일상을 통해 힘들었던 일들이
순간순간 어둠의 틈에 끼는 것을 보았다
검게 그을린 날들의 수심을 도무지 헤아릴 수 없어서
지난 시간 이마를 짚어 본다

소외된 것들이 다가와 쓰러질 곳을 찾지 못하고
가장 높은 것과
가장 낮은 곳을 넘나들며
어떻게 살았는지 나를 보고 있다

삼킬 수도 뱉을 수도 없는 고립된 날
잃어버린 나를 불러 세워

헤프게 날려 버린 많은 시간을 되돌리기에
가면을 벗고 깊고 긴 숨소리를 낸다

흑백사진

어머니의 병고로
젖 한번 빨지 못하고
갓난아이 때부터 아버지의 손에 들려
젖동냥을 다녔던 시절

이웃의 눈치를 보던 아버지
낯선 여자 품을 빌려 아이의 허기를 채웠다

딸이 커가면서 잔칫집으로 전전하던 아버지
하얀 쌀밥에 생선살 올려주며
"어여 많이 먹어라"
눈칫밥인 줄도 모르고 허겁지겁 먹던 나

죽음이 무언지도 모르는 열한 살
사과 한 쪽 더 먹겠다고 동생하고 싸우던 그날
시간 밖으로 나앉은 아버지
우리는 바람을 젓는 발목의 힘으로
살아가야 했다

소란했던 하루가 갇히면

아버지의 흑백사진이 방 안으로 들어와
나의 숨결을 다독여 주었다

짧게 지불한 생
사진 속 아버지는
아무런 걱정 없이 웃고 계신다

유언장을 품은 당신

기립성저혈압으로 내가 쓰러졌을 때
비로소 당신이 남편인 줄 알았습니다
남아 있는 삶의 사용 설명서까지
낱낱이 훑어보고 내 손을 잡았을 때
통장 비밀번호를 가르쳐 주었습니다

봉숭아 꽃물을 여러 차례 들였어도
아름답다 말 한마디 안 하던 당신이
벽을 보고 울고 있을 때
얼었던 가슴이 해동되기 시작했습니다

참았던 숨 몰아세우며
유언장을 썼습니다
딸에게 나의 장례가 끝나면
아빠에게 가장 착한 여자와 짝을 맺어 줄 것을
유언장에 남겼습니다

그러자 답답한 숨이 뻥 터졌습니다
마음의 평온을 찾은 탓에
그로부터 십 년을 넘게 살고 있습니다

〈
빌려 온 시간 속에
생의 표피는 두꺼워지고
유언장을 품은 당신의 눈은
오늘도 흔들리는 것을 보았습니다

생강차가 된 종이

겨울이 되면 한방 찻집이 되는 우리 집
손님은 딱 한 명 버릇도 고약하다
생강차 한 잔
언제나 주문이다
투정이 부엌을 메웠다
마음을 알아차렸나 손에서 벗어난 생강 병
산산조각이 났다
괜찮아 괜찮아
정성이 시린 손을 닦아 주었다
바닥이 생강을 다 먹었는데
대추차 모과차 우엉차 쑥차 뭐로 줄까
물음표가 허공을 맴돌 때
감기 기운이 있다면서 계속 생강차만 달란다
없다와 있다의 동문서답을 귓속에 넣고
맹물을 팔팔 끓여 하얀 종이에
생강차라고 써서 찻잔에 동동 띄워주었다
종이가 생강을 토해 놓았나
다음날 감기가 다 나았단다

현기증이 줄을 매달고

잘못된 기억도 되살아났다
속마음이 배어 눈길도 피하고
머릿속에는 생강차라고 적힌
종이의 흔적만 무수히 찍히고 있다

절반은 사라지고

황금빛 햇살이 빗금을 그으며 바다 위에 뿌려지고
아직 못다 한 일들이 많아
발자국을 남겼지만 뒤돌아서면 아무것도 없었다
눈 화장을 했다
시폰 치마를 입고 바닷가를 걸었다
마릴린 먼로 흉내도 내보고
엘리자베스 테일러의 미소도 지어 보았다
굳은 어깨와 휘어버린 젊음은 뜬소문처럼 지나가고
차마 흘릴 수 없는 울음
허기진 바람에게도 입술 자국을 남겼다
언제 돋았는지 초저녁 별들이 나를 바라보면
또다시 견딜 수 없는 기억들이 맨발로 달려오고
내일이면 다시 걸쳐 입어야 할 옷
산산이 부서지는 포말 위로
어디선가 흘러갈 곳을 찾지만

몸의 절반은 사라지고 없었다

목마른 등

어루만져 줄 수 없는
가려움이 산다

쓸쓸함이
한 자씩 내려앉아 있어도 늘 꿋꿋하다

나에게서 가장 멀리 떨어져 있는
닿으래야 닿을 수 없는 곳

그곳에
내 외로움이 산다

이름을 짓다

강아지 이름을 지으려고
식구들이 모였다
강아지는 무대 위에 올려지고
우리는 관객이 되어 뚫어지게 쳐다봤다
3개월도 채 되지 않은 눈빛에
가슴이 흔들리고

잠깐의 적막을 깨고
딸아이가 감자라고 먼저 말했다
나는 품종이 찰스 스파니얼이니 찰스라 말했고
남편은 까맣고 복스럽다고 깜복이라고 말했다
듣고 있던 아들이
감자는 좀 그렇고
찰스는 느끼하고
깜복이가 좋은 것 같아요
두 표에 깜복이의 명찰을 달고
마음을 포개니 온기가 몸을 타고 흐른다

모두 다 밥만 먹으면 사라지는 투명 인간들이
몇 년 만에 한자리에 모여 입김을 나누고 있다

강아지 한 마리가 우리를 가족으로 만들고 있다
물기 먹은 대화가 방 안을 데우고
우리 가족은 네 명에서 다섯 명이 되었다
처음으로 배 아프지 않고 낳은 아들 같다

폐기된 하루

학원이 즐비한 건물의 편의점은
학생들을 붙잡고 산다

오후가 되면
집 문턱보다 더 많이 넘었을 저 편의점 문턱
여기저기서 컵라면과 삼각김밥으로
허기를 채운다

배를 채운 아이들의 일회용품은
쓰레기통에서 넘쳐나고
고달픈 지문들이 빠져나간 자리에는
라면 국물이 눈물자국처럼 남아 있다

시간의 몸통이 차가워질 때면
낮과 밤이 없는 그곳에서
허둥댄 하루를 짊어지고 목마른 자들이 목을 축인다

누군가는 편의를 위해 날을 새고
잠 못 이룬 자들이 익숙하게 드나드는 곳
표정 없이 편의점 의자에 앉아

삼각김밥으로 또 하루를 소비하는
저 사내

오늘이 폐기되고 있다

4부

주술에 걸린 사람처럼
다시 새장으로 걸어갑니다

자미원역

벚꽃이 흩날리던 자미원역
영월에서 정선까지
길을 지운 표지판에 심장이 멈춰 있다

마흔여덟의 생을 마치고
녹슬고 헐거워진 기찻길에 달리던 시간이 잠겨 있다
역사 안 석탄 난로 그을음에 수많은 대화가 묻어 있고
수없이 오고 간 사람들의 발자국만
정지해 버린 추억을 더듬고 있다

해마다 찾아오는 봄도 등 돌려 가고
언제 꺼질지 모르는 시간 속에
백열등은 풀벌레 소리를 잠재운다

민들레와 망초 대만 무성한 녹슨 철로에
늙은 소가 되새김질하듯
지나간 시간을 되돌리고 싶지만

지금 자미원역은 폐업 중이다

그리운 망각

방에 들어서자
누구요 아줌마?

그녀의 말에 할 수만 있다면
시간의 밑단을 잘라 내
예전의 엄마를 돌려놓고 싶었다

육십이 넘어 한글을 깨치고
이름 석 자 벽에 붙여 놓고
좋아하던 때가 엊그제 같은데
이젠 이름과 나이 주소가 적힌 종이를
목에 걸고 있다

두 아이를 앞세우고
벗어날 수 없는 삶의 굴레 속에
풀잎처럼 휘청이던 목숨
그녀 머릿속에 지우개를 너무 많이 넣은 것은
살기 위한 마지막 몸부림이었다

목숨처럼 아끼던 딸이 아줌마가 되어서야

그녀의 눈물이 멈췄다
낙화가 흩날리던 봄날
그녀의 죽음 앞에
커다랗게 쓴 이름 석 자 가슴에 넣어 주었다

속 터져

여고 동창생 다섯 명이 카페를 데우고 있었다
무심코 쳐다본 친구의 휴대폰에
'속 터져' 문구가 떴다
누구냐고 물어보니 남편이란다
대화할 때마다 속이 터진다고 했다
"남편인데 너무한 것 아냐"
내 말이 끝나기도 전에 너는?
"나는 불량 감자. 강원도 토박이인데 성질부리면 고약하거든"
오십보백보라며 모두 따라 웃었다

남편 휴대폰에 아내를 어떻게 저장했을까
와이프, 반쪽, 로또, 마누라, 레몬향기가 뽑기처럼 뽑혀 나왔다
우리는 로또와 레몬향기에 꽂혔다
로또는 부부가 하나도 안 맞는다는 거였고
레몬향기는 처음에 만났을 때 레몬향기가 나서
초심을 잃지 않으려고 남편이 저장했단다

아! 나도 그 소리 듣고 싶다

아니 그런 사람하고 살고 싶다
그런 소리 들으려면 너부터 남편을 좋게 저장해
친구의 일침에
나는 슬그머니 핸드폰을 꺼내
'불량 감자'에서 '따스한 감자'로 바꾸어 놓았다

이력서에 아직 발이 시리다고 적었다

안개도 출입증이 있을까
출근 도장을 길 위에 찍는다

한 발짝도 움직일 수 없는데 온종일 걷는다
이 도시는 한 해가 다 가도록 안개는 걷히지 않고
할 일 없이 계절만 탕진한다
구부러진 하루하루
가슴 적시는 물 한 잔에 목이 메고
스쳐 지나간 나무마다 서러움을 매달았다

실업이라는 단어는 종일 방황으로 들락거리고
갈 곳 없는 나는 공원에다 나를 버렸다
대낮을 걷는 시간이 밤처럼 어두웠고
노을에 누운 그림자
삭아진 꿈을 세워 보지만
햇살의 무게마저 어깨가 무거웠다

구르는 돌을 보는 것은 내 기록을 보는 일
사라진 방향에 대해 물었지만
메아리 되어 온다

〈
봄의 무게는 늘 평행이었을까
날개도 어긋나지 않기를 바랐지만
어둠으로 버틴 시간의 이력서에는

아직 발이 시리다고 적었다

우리들의 백구

다섯 살 백구
쌀독에 쌀이 다 떨어지자
엄마는 개장수에게 백구를 팔았다

삼복더위에 혓바닥을 내민 채 끌려가지 않으려고
안간힘을 다하는 백구
싸리빗자루를 들고 호통을 치자
주인의 이상한 몸짓에 놀라
허둥지둥 밖으로 빠져간 백구
재빨리 대문을 걸어 잠갔다

학교에서 돌아온 동생은
비어 있는 개집 앞에서 대성통곡을 하고
삼 일째 밥을 먹지 않았다
화가 난 동생
얼굴은 창백하게 변해가고 있었다

사흘이 지나 백구가 되돌아오던 날
아픈 동생은 백구와 한몸이 되어 울었고
다음날 개장수가 집에 오자

엄마는 개장수를 데리고 밖으로 나갔다

돌아온 엄마의 손에 닳고 닳은 금반지가 사라지고
신문지에 돌돌 만 소고기가 대신 들려 있었다
돌아가신 아버지가 보고 싶을 때마다 만지작거리던
금반지
아버지가 없어진 손으로
소고기뭇국을 끓여 백구와 동생에게 주겠다고
도마에 고기를 올려 다지던
눈물 삼킨 도마 소리
오십 년이 지난 지금에도 가슴을 후려치고 있다

창문에 가을 하늘 들여놓고

가을 하늘이 이토록 아름다웠나
지금껏 하늘이
이렇게 아름다운지 왜 몰랐을까

날마다 그려지는 그림은
날마다 새로운 그림이었다는 것을
이 새로운 그림을 바라보며
나는 미치도록 기울어질 때가 있다

떠오르는 해를 볼 때나
지는 해를 볼 때나
왁자지껄 소문 없이 오늘을 놓고 간 길 같아
투명한 숨결을 내품었다

비에 젖은 날이면
누군가 마음껏 울고 간 것 같고
날씨가 흐려 하늘이 무채색이면
누군가 속상함을 풀어놓은 것 같고
날씨가 티 없이 맑은 하늘이면
기댈 곳 없는 자들이 습기를 말리는 것 같다

〈
때때로 그려지는 구름 문양으로
잠든 눈꺼풀이 열리고
온몸으로 하늘을 흡입한다
소리 없는 구름의 심장으로 가는 길
초록으로 젖는 시간이다

독거노인

귀퉁이가 닳은 평상에 앉아
욱신거리는 무릎 햇빛에 내걸고
바스락거리는 그리움
눈 밑에 풀풀 날리며 한숨짓고 있다
오겠노라는
문자 한 줄 없는 자식을 기다린다

발자국 소리 없는 익숙한 날들이
동행이란 단어를 지우고
마른 가을 단풍잎 되어 바스러지고 있다

아이들 어린 시절 모깃불 놓아가며
감자와 옥수수로
밤늦도록 이야기꽃을 피우던 평상에는
귀뚜리가 간간이 놀러 와 목청을 높이고
어둠 속에 사라진 것들은
그림자 없는 빈자리를 만든다

텅 빈 시간과 시간이 겹치면서
사람의 그림자는 볼 수 없고
고양이 한 마리 우두커니 앉아 있다

새벽 두께

창밖을 바라보니
퇴색된 둥근달이 나의 발등에 내려앉는다

바깥 소음도 고요의 근처로 가라앉고
침묵은 새벽을 향해 몸을 늘리고 있다

아침이 다가오는 미세한 속삭임
어둠은 하늘 향해 지워지고
졸고 있는 나무들이 몸을 세우면
나도 따라 기지개를 켜고
새벽 공기에 온몸을 적신다

어둠 속에 웅크린 태양이
흐리고 어둑한 것을 거두어 내면
손에 닿지 않은 어제가 녹아내리고
얼룩진 마음과 상처도
어둠의 두께에 싸여 지워진다

내가 원하지 않아도 오고야 마는
오늘
새벽의 두께가 점점 얇아지고 있다

여자의 나이테

탕수육 자장면 양장피
지구가 무거워지고 있었다
오지게 먹어 나온 배는 펑퍼짐한 원피스가 가려 줬다

신분당선 전철에 올라타자
50대 남자가 황급히 일어나
60대 여자에게 건네는 말
"죄송합니다. 앉으세요"
자리는 임산부 자리였다
식은땀과 현기증으로 몸통이 젖고

앉을 수도 없고 서 있자니 시선이 따가워
전철이 멈추자 황급히 내렸다
집까지 가기에는 두 정거장 전이었다

모자와 마스크가 내 나이를 가져갔고
"앉으시죠"
임산부 좌석에 꽂힌 말 한마디에
분홍빛으로 허우적대고
〈

날개가 없어 날지 못한 나는
얼룩진 소음을 뒤로한 채
여자의 나이테를 세고 있었다

시한부

해와 달의 빛도 서러워
그녀는 말기암으로
얼굴의 능선이 조금씩 뒤틀려 있다
길들은 언 날개를 펄럭이고
물먹은 별들이
귀를 쫑긋 세워 어두운 밤을 노래한다

문을 두드리면 두드릴수록
문은 열리지 않고
멈출 수 없는 질문은
허공 속에 대답을 남긴 채
뼈를 발라내고 있다

누군가와 손을 맞잡을 때 따뜻함을 느꼈지만
어깨까지 죽어있는 그녀
비명이 쏟아지고
살아 움직이던 몸이 굳어져 물체가 되어간다

아침과 저녁의 심장이 안부를 묻지만
어둠이 내려앉은 하늘에

그녀는 맨드라미 같은 빨간 독을 품고
불꽃 속에서 사그라졌다

별들이 창가에 부딪히며
사부작사부작 다가와 조문을 하고
빛바랜 달빛은 사라진 그림자를 드리운다

화살기도

하루를 같이 하는 애완견
날마다 산책도 시켜 주고
목욕도 시켜 주고
먹는 것에 온갖 신경을 쓴다

거실에 앉아
돌아가며 안아 준다

문틈 새로 바라보던 할머니
몇 년째
병고로 방 안에 갇혀 나가지 못한 채
혼자서 눈물방울 세고 있다

슬픔이 목젖까지 차오르며
외로움을 견딜만한 심장이
없어진 지 오래되었다

오늘도 화살나무로 만든 십자가를 놓고
화살기도를 한다

다시 태어나면
부잣집 개로 태어나게 해 달라고…

돌아오지 않는 시간

결혼 후 십 년이 다 되도록
냉장고는 내 것이 아니었다
김치는 다 먹었냐
고추장은
장조림은
마치 내가 주문이라도 한 듯
냉장고에는 엄마의 음식으로 가득 찼다

엄마가 떠나고
처음으로 참기름 한 병 사던 날
작은 두려움이 날 살폈다

양념을 살 때마다
음식을 할 때마다
돌아오지 않는 시간 앞에 어깨가 울먹였다

내 눈은 한동안 냉장고 안을 서성였고
한 움큼씩 다가오는 간장게장 잔상 앞에
수많은 느낌표가 달려 숨이 가빴다
〈

냉장고 빈 공간
이제는 엄마의 온기마저 사라져
제대로 눈을 뜰 수가 없다

그때 그 만두는 라디오였네

 공무원이라는 이유로 북한군에게 끌려가 만신창이가 되어 돌아온 아버지, 목련이 피고 지는 동안 양은 냄비처럼 가벼워진 아버지, 병으로 밥상엔 늘 쌀밥과 장조림이 있었다 식사 때면 어린 동생의 눈은 언제나 아버지의 밥상에 머물렀고 남은 밥을 먹는 것은 동생의 큰 낙이었다 어느 날 장대비처럼 쏟아지는 동생의 눈물, 아버지가 입맛이 없어 물 말았으니 같이 먹자고 했으나 눈물은 샘처럼 흘렀고 소리는 담장 밖으로 더 크게 퍼지고 있었다 흔들리는 몸으로 말없이 나가신 아버지, 두 손에 만두 보따리를 들고 와 우리 입에 호호 불어 가며 넣어 주셨다 음식에도 보석이 있다는 것을 그때 알았다 환한 대낮이 된 우리 둘은 한참 후에야 알았다 그 만두는 아버지가 가장 아끼시는 라디오와 맞바꾼 것을…

숨비소리

때때로 안개는 바다를 숨겨 주지만
보이지 않는 한숨 소리에 햇살이 튀어 오른다
생의 반쪽은 바다가
또 반쪽은 갯벌이 가져갔지만
돌아가는 길을 몰라
먼 산은 쳐다보지 않았다

이제는 늙어 등 돌린 바다도 파도 속에 갇히고
굽은 등 갯벌이 부둥켜안았지만
그녀의 숨소리는 물결이 되고
몸은 바다의 꽃이 되었다

밀물과 썰물이 번갈아 가며 조문을 하고
며칠을 망보던 망둥이도 눈이 멀었다
슬픔으로
바다가 토해낸 갯벌의 구멍은
그녀의 숨비소리였다

네잎클로버 없는 오월

마을 뒷산 오솔길
그가 찾아준 네잎클로버
책갈피에 곱게 넣어 두었는데 어디론가 사라졌다

그렇게 첫사랑이 떠나고 오지 않던 그 길에는
아카시아 꽃잎이 길 위에 뿌려지고
은빛 시냇물이 산모퉁이 돌 때면
붓꽃 찔레꽃 엉겅퀴꽃이 웃고 있었다

하얗게 번지는 꽃잎의 나이
내 사십 년은 어디에서 웃고 있을까
비명도 없이 흘러간 시간 속에
소리 없는 소리가 들려온다

어디 갔다 이제 왔니

가물었던 눈이 접었던 기억을 펼치고
촉촉이 젖어 있을 때
꽃잎은 어느새 내 뺨의 얼룩을 지운다
〈

금빛 햇살이 내리쬐는 초여름
그가 다녀간 자취인가
고기들은 줄지어 환희의 송가를 부르고
그와 같이했던 시간이 나를 어루만지며
그 시절을 더듬고 있다

오월의 모퉁이는 지워도 지워도
하얀 꽃잎에 물들어 지워지지 않는다

호스피스

명찰 하나 달고 그 자리에 서면
그녀의 고백이 시작된다
환자들은 간헐적으로 채워지는 호흡을 가두고
가슴에 긁힌 상처를 말한다

보이는 것과
보이지 않는 것에
녹여지는 그녀의 심장
살아있는 시간과 죽어있는 시간을 점검한다

죽음을 눈앞에 두고
어둠이 실핏줄처럼 퍼지면
병실 안과
병실 밖의 소원은 다르다

언제부턴가 그녀의 가슴속에 늙은이가 자라고 있다

힘은 없으나 눈동자는 투명해
벽면에 죽음을 나열해 놓고
오늘을 지우개로 지우면

〈
창문 사이로 새어 나오는 부고
햇볕이 내리쬐는 시트 위에
체념이란 단어를 밀어넣는다

늙지 않는 책상 서랍

어린 시절 책상 서랍은
설렘이었다

서랍을 열 때마다
무언가 튀어나올 것만 같은
비밀 상자

문을 열면 보이는 세계와
문 닫으면 보이지 않는 세계가
유년의 이야기 속에서 걸어 나온다

일기장 속 단풍잎은 시를 짓고
공책에는 몽당연필로 쓴
올망졸망한 낙서들

색종이로 만든 종이 인형은
소꿉친구였다

문득,
사라진 그리움을

〈
기억의 서랍
한모퉁이에 앉혀 놓는다

※해 설

현재를 구성한 과거의 시간과 축적된 질서

마경덕(시인)

 압축된 '시의 기호'는 다분히 자의적인 표현 방식이다. 그 '내부'의 뜻을 읽어낸 소수의 독자들은 그들만의 법칙을 공유한다. 시는 산문과 달리 "논리의 틀"에 얽매이지 않지만 "논리적 오류"에는 민감하다. 기호처럼 난해한 작품이 독자를 설득할 "연계적 논리"를 지녔는지는 의문으로 남는다.

 시인은 '직관'으로 저마다 다른 '질량'의 언어를 선별하고 작품의 '골조'를 세운다. 남다른 변별성辨別性은 다음 문장을 끌고 가는 단단한 기제가 되어 준다. 일상과 비일상의 경계, 의식과 무의식, 실재와 환영의 경계를 넘나드는 시 쓰기는 '전략적'으로 또는 '전투적'으로 어느 지점을 통과해야 한다. 이처럼 한 권의 시집에는 한계에 부딪힌 보이지 않는 상처가 수두룩하다.

 송영희 시인은 "삶과 죽음"이라는 전일성全一性을 통해 각별한 자신의 언어를 완성해 간다. 퇴적층의 단면을 통해 흘러간 시대를 유추하듯 절실하고 애절했던 것들이 "기억의 심층"에 쌓여 있다. 편입되지 못한 유년의 단편적인 기억이 발화(發話)되는 그곳에는 기억의 부스러기들, 놓쳐 버린 것들이 웅크리고 있다. 정해진 시공간 내에서 '인과 관계'로 이어지는 실제 사건들은 '상실'과 '부재'이다. 시인은 비가역성을 띤 불완전한 두 대상의 공통분모를 찾아 카테고리를 엮어 나간다. 불행을 밀어내지 않고 상처와 대면하며 시적 형상성을 획득한다.

일상의 사소한 것들이 얼마나 빛나고 아름다운지, 돌아오지 못하는 존재들이 우리의 삶에 얼마나 멀리 파문을 일으키는지, 시집 『절반은 사라지고』는 소멸되어 가는 진정한 행복과 인간의 존재가치를 깊이 생각하게 한다.

폐암 패소(敗訴) 폐경
나의 오십 대는 이렇게 시작되었다

사라지는 걸까, 지는 걸까, 닫히는 걸까
생은 막다른 골목으로 치닫고
길을 잃은 채
바람 가는 방향과 시간의 길목마저 놓쳐 버렸다
할 수만 있다면

신음 소리는 내지 말아야 했다

무언가를 물어뜯고 싶을 때는 낮달을 보고

슬픔을 삼키기로 했다

삭아지는 뼈마디에 침묵을 베고

생의 퍼즐 조각을 잃어버리지 않으려고 고개 돌리면

그림자가 있어서 다행이었다

나는 지금 어느 역을 지나고 있을까

매운바람에 생각 없이 가슴만 울컥거렸다

어둠이 발목에 닿을 때까지 도시를 헤집고 다녀도

쉴 곳은 없었다

달이 떠오르기 전에

사람 사는 세상에서 밀려난 파문을

가슴 한쪽에 묻어 두고 나는 나를 지켜야 했다

- 「생각이 방전되다」 전문

왜 불행은 한꺼번에 밀려오는 것일까. 시인은 "위험한 시간"과 그 상황을 다시 만나고 있다. 눈 위에 서리가 덮인다는 설상가상雪上加霜, 소송에서 패소敗訴했을 때 폐암이었고 폐경에 이르렀다. 시인의 오십 대는 그렇게 시작되었다.

　불현듯 닥쳐온 불행들, 생의 막다른 골목으로 치닫는 고통의 순간은 특별한 기억으로 존재한다. 딜레마에 빠져 누군가를 증오하고 싶을 때는 '낮달'을 보고 원망을 삼켰다. '낮달'은 눈여겨보지 않으면 보이지 않는다. 아무도 주목하지 않는 희미한 '낮달'은 마치 소외된 자신의 존재같이 여겨졌을 것이다. 그를 위로해 주는 것은 자신의 '그림자'뿐, 세상에서 밀려난 아픔을 가슴 한쪽에 묻고 자신을 지켜야 했다. 시인은 "빛과 그림자"를 매개로 자신의 정체성을 확인한다. '위로'의 이미지로 사용한 낮달과 그림자는 닿을 수 없는 거리와 잡을 수 없는 허상일 뿐이다.

　「생각이 방전되다」는 반복적인 단절을 확장하며 슬픔을 채워 나간다. 시인은 어두웠던 과거의 이미지를 현재와 연결하며 교두보로 삼는다. 과거는 단순히 흘러간 시간 속에 박제되어 있지 않다. 껍질뿐인 기표들이 부유하는 한 시절, 불편한 감정을 마주하는 용기는 현실의 위협을 뛰어넘는다. 한때의 고통과 좌절을 보여주는 「생각이 방전되다」는 서정으로 "생의 비의悲意"를 확보하고 있다.

　　　윤동주와 백석 이상 김소월을 넣고 김밥을 쌌다

욕심이 과했나

김밥 옆구리가 터졌다

터진 옆구리 사이로

윤동주 이상 백석이 빠져나가고

김소월만 남았다

햄과 맛살을 좋아하는 이상

우엉과 계란말이를 좋아하는 동주

시금치와 단무지를 좋아하는 소월

김을 좋아하는 백석

다 어디로 가고 김소월만 남아

시금치가 역겨워 가실 때에는

단무지 하나 들고 가시옵소서

고장 난 테이프처럼 그 자리를 맴돌고

온전히 밥 한 줄 말지 못한 탓에

어우렁더우렁 한몸이 되면

장금이도 울고 갈

밥꽃이 될 텐데

시꽃이 될 텐데

복창을 해보지만

방향을 틀은 단호한 뒷모습만 보였다

〈
무언지 모를 뭉클한 것들이 다가오면

윤동주 백석 이상을 주물러 수제비를 해야겠다

빠져나가지 못하게…
- 「김밥」 전문

 '김밥'을 마는 시인의 심리적 프레임 안에는 '시'가 살아있다. 저마다의 시인들이 서로 뒤엉켜 한 줄의 '김밥'에 모습을 드러낸다. 색과 맛이 각양각색인 시인들, 과잉된 의욕으로 '김밥 틀'에 둘둘 말리고 옆구리가 터진다. '시'를 품고 살지만 한 편의 완벽한 작품을 빚어내지 못하는 시인은 불안하다. 의욕은 넘쳐도 완성되지 않는 무언지 모를 뭉클한 것들, 그 뭉클함 속에는 갈급함이 들어있다. 이것들은 수시로 왔다가 일제히 빠져나간다. 기어이 붙들고 "수제비 반죽처럼 주물러 보리라"고 다짐하는 시인은 '시'를 놓친 아쉬움을 넘어 "시를 쓰겠다"는 의지로 활활 타오르고 있다. 다양한 각도와 표정들은 손이 닿지 않는 바깥 세계의 외물外物이며 서로 교감하는 내면적 상관물이다.

 고대 그리스에서는 슬픔에 빠졌을 때 시詩를 '약'으로 처방했다고 한다. 현대 의학에서도 예술을 처방한다.

뇌과학자들은 예술을 경험했을 때 우리 뇌에서는 세상에 대한 긍정적인 "인식의 전환"이 일어난다고 한다. 우리 뇌에 '경이로움'이라는 감정을 활성화하여 세상을 다르게 보는 변화를 일으킨다는 것이다. 송영희 시인에게 '시'는 "위로이며 희망"이다. 자신만의 시적 음역音域으로 "긴장을 유지할 때" 시인은 일상에서 '활기'를 찾는다.

    창문으로 실바람이 불어왔다
    커피 한 잔을 앞에 둔
    식후의 수다는 끝없는 이야기로
    오후가 굽어지고 있었다

    남편의 이야기가 등장하자
    우리는 설거지와 청소를 해 줘
    우리는 강아지 운동과 목욕시키지
    우리는 시장 봐서 가끔은 밥도 해 줘
    우리는 세탁기 돌리고 빨래를 개켜서 제자리에 놓아주지
    빈 커피잔 속에는 남편에 대한 수다가
    차곡차곡 쌓여 갔다

    우리라는 단어가 커다란 산이 되어 다가오자
    굽어진 마음으로 집을 더듬기 시작했다

무뚝뚝한 남편

늦은 귀가

혼자 먹는 밥

우리는 우리라는 단어가 소멸되어 가고 있는 줄도 몰랐다

모두가 나를 쳐다본다

네 남편은?

"아무것도 해 주는 게 없어, 그냥 자기 전에 발마사지 5분"

모두의 동공이 확대되고 수다는 끝이 났다

- 「육십 대의 수다」 전문

    무대와 관객을 이어주는 '퍼포머'가 존재하듯이 부부의 관계를 맺어주는 매개체는 "믿음과 사랑"이다. 자식들을 다 키우고 여유로운 육십 대의 여인들이 한자리에 모여 커피 한 잔을 앞에 둔 식후의 끝없는 수다로 오후의 허리가 기울고 있다. 각자의 남편이 화두에 오른다. 설거지와 청소를 해주는 남편, 강아지 운동과 목욕시켜 주는 남편, 시장 봐서 가끔은 밥도 해주는 남편, 세탁기

돌리고 빨래를 개켜서 제자리에 놓아주는 다정한 우리 남편들이 속속 등장한다.

　빈 커피잔에 수다가 차곡차곡 쌓이는데 '우리'라는 단어가 압박감으로 다가온다. 기억을 더듬기 시작하니 무뚝뚝한 남편의 늦은 귀가와 혼자 먹는 밥이 떠오르고 '우리'의 관계가 멀어져 가고 있음을 깨닫는다.

　말이 없는 시인을 쳐다보며 남편을 묻는 친구들에게 "아무것도 해 주는 게 없어, 그냥 자기 전에 발 마사지 5분" 모두의 동공이 확대되고 '수다'는 끝이 났다.

　여기에서 5분은 하루에 끝나는 5분이 아니다. 매일 꾸준히 반복되는 5분인 것이다. 잠시나마 아내를 도울 수는 있지만 지속적으로 실천한다는 것은 애정 없이는 불가능한 일이다. 시인은 새로운 인식과 발견으로 독자의 기대를 배반하길 바란다. 그날 송영희 시인은 자랑스러운 친구들의 남편들을 단숨에 제압한 것이다. 한판승은 "5분의 힘"이었다.

　　　주식이 반토막 나자
　　　새장 안은 불협화음으로 시끄럽습니다
　　　어제는 그의 팔걸이가 되어 주고
　　　오늘은 그의 소파가 되어 주고
　　　내일은 그의 밥이 되어 줄 건데 소중함을 모릅니다

〈

나는 동그라미라고 말하고

그는 네모라고 말합니다

그가 던진 문장들이

날파리처럼 귓전에 윙윙 맴돌면

벌겋게 달아오른 몸은

새장을 빠져나와

쌓였던 애정을 날려 보냅니다

저녁이 부풀어 오르면

갈 곳 없는 나는

어둠의 바깥에서 안쪽으로 파고듭니다

내가 머물렀던 곳에 불이 켜지면

주술에 걸린 사람처럼

다시 새장으로 걸어갑니다

너무도 오랫동안 그곳의 밥을 먹은 탓입니다

- 「불협화음」 전문

 사업분석가이며 물리학자인 '모디스'는 DEC라는 전자제품 회사에서 경영컨설턴트로 일하며 "언제 신제품을 시장에 내놓아야 하는가"를 고심하다가 자연현상을 관

찰하며 신상품이 시장을 침투해 가는 과정을 한눈에 볼 수 있는 에스 커브 모델S- Curve Model이라는 그래프를 그려냈다. 어느 시점을 지나면 점점 판매가 늘어나고 사업이 성장하는 속도가 기하급수적으로 빨라짐을 보여준다. 이 패턴은 전염병의 확산이나 동식물의 번식과 성장, 심지어 모차르트 같은 예술가의 창작활동에서도 발견되었다.

치열한 시 쓰기도 '전략적'이다. 주식 역시 '전략'이 필요하다. 주식 시장은 변동성이 크기에 때맞춰 주식을 사고 적기에 팔아야 한다. 시장 동향이나 기업 실적 등을 지속적으로 주시하고 분석해야만 안전한 그래프를 그릴 수 있을 것이다.

주식 투자는 95%가 마이너스 수익률이라고 한다. 그런데 그 5%의 확률에 도전하는 사람들은 95%의 실패를 믿지 않는다. 주식이 반토막 나자 화자의 집안은 '불협화음'으로 시끄럽다. 전업주부인 시인은 집을 새장으로 부른다. 새장의 주인은 경제권을 가진 남편이고 집에서 대부분의 시간을 보내는 시인은 새장에 갇힌 한 마리 새일지도 모른다. 어제는 팔걸이가 되어 주고 오늘은 소파가 되고 내일은 그의 밥이 되어 줄 아내, 반토막 난 주식에 실망한 남편과 고성이 오가고 각각 자신의 입장에 따라 동그라미가 되고 네모가 된다.

갈등과 충돌의 장소를 피해 바깥으로 나가던 아내는

막상 갈 곳이 없다. 현재를 구성한 축적된 질서도 모두 집이 기점起點이어서 밤이 깊어지면 주술에 걸린 사람처럼 내부의 문제를 안고 불이 켜진 새장으로 돌아간다. "너무도 오랫동안 그곳의 밥을 먹은 탓"이라고 한다.

"부부싸움은 칼로 물 베기"라 하지만 습관이 된 체념은 상대가 누구든 상처가 깊다. 날이 밝으면 아무렇지도 않은 듯 다시 노래를 해야 하는 "새와 새장의 관계"는 주변에서 흔히 마주치는 부부의 모습이다. 담담한 화자의 표정에서 어찌할 수 없는 쓸쓸함이 느껴진다. 「불협화음」은 극한 상황과 마주한 부부의 "심리와 갈등"을 사실적으로 묘사한 수작이다. 시인은 현실을 바탕으로 과거와 미래를 이어 줄 경로를 탐색해 보지만 주변과 엮인 관계망으로 현재를 규정하는 것은 결국 '아내'라는 위치였다.

눅눅한 습기를 안은
너를 처음 보았을 때
이게 뭔가 했어
그런데 목이 없고 발도 없었어
뒤집어 보니 일어날 수 없는 거북이와 같았지

네 몸에 손끝을 대자

불안한 듯 온몸을 움츠렸지

징그럽기도 하고

한편으론 느릿느릿 움직이며

죽음을 세고 있는 것 같았지

살아있는 너를 손질하며

비릿한 물의 피부를 갖고 있다는 것을 알았지

다시 돌아가지 못할 고향

칼끝에서 너의 맥박 소리 들려오고

묻어온 물빛마저 거뭇거뭇했지

등껍질이 해체되면

질펀하게 쏟아 놓은 설움으로

너는 한동안 난청을 앓았지

도마 위에 올려진

너는

온몸을 감싸준 물의 혀를 생각하며 눈을 감고

나는

작게 쪼개진 바다를 바라보며 눈을 감았지

　　　　　－「전복은 물의 피부를 갖고 있었지」 전문

소리와 냄새, 맛과 형태, 감촉을 느끼는 감각은 몸의 "외적 영역"이다. 그 인간의 영역으로 '전복' 하나가 들어왔다. 목이 없고 발도 없고 뒤집어 보니 일어날 수 없는 '거북이'와 같았다는 말, '전복'이 이렇게 서러운 연체동물인지 필자도 처음 알았다.

시인은 습관적 인식을 깨뜨리며 익숙해진 우리의 감각을 환기시킨다. 손가락을 대자 불안한 듯 온몸을 움츠린 '전복', 느릿느릿 몸을 움직이며 죽음을 세는 것 같다. 심부深部까지 파고든 슬픔이 도마에 질펀하다.

껍데기 속에 몸을 숨기고 배로 기어 다니는 '전복'은 갯바위가 미역 파래 다시마로 젖을 먹여 키운다. 보호색을 가진 껍데기로 바위에 엎드리거나 틈에 숨으면 감쪽같다. 어쩌다 이곳까지 왔을까. 시인이 아니었다면 도마 위에 올려진 '전복'을 앞에 두고 오도독 씹히는 싱싱한 맛을 상상했을까. 대상에 대한 관심은 '상실'된 흔적까지 찾아낸다. '전복'을 손질하며 비릿한 물의 피부를 갖고 있다는 것, 돌아가지 못할 거뭇거뭇한 바다의 물빛마저 감지한다.

도마 위에 올려진 '전복'을 보며 온몸을 감싸준 '물의 혀'를 발견한 시인은 작게 쪼개진 바다를 바라보며 눈을 감는다. 「전복은 물의 피부를 갖고 있었지」는 사물의 이면을 발견하고 삶과 죽음의 비의悲意를 심도 있게 다룬 작품이다. 사물을 대하는 시인의 진지한 태도에서 연민이 깃든 심성心性을 짐작할 수가 있다.

> 병마로 온몸이
> 종이처럼 얇아지더니
> 불 꺼진 방에 누워 있는
> 아버지의 굽은 등
>
> 어쩌다 만지면 사라질 것 같고
> 불을 켜면
> 영영 일어날 수 없을 것 같은
>
> 단팥빵을 옆에 두고 나오는데
> 방문을 따라 나오는 다정한 목소리
> 나는 세상에서 단팥빵이 제일 맛있더라
>
> 꾹꾹 눌러둔 감정이 내 귀에 걸렸다
> 환한 웃음 뒤로 신호등이 점멸되듯
> 홀연히 시간 밖으로 나앉은 아버지
>
> 문을 열고 들어섰지만
> 숨죽여 기도하던 작은 몸은 어디에도 없었다

방 한가운데 놓고 간

단팥빵

아버지의 마지막 웃음이었다

- 「단팥빵」 전문

시인은 유년의 "어둡고 두려운" 기억과 합류한다. 시공의 경계를 넘어 마주친 그 장소에 "목마름의 실체"가 존재한다. 병들어 온몸이 종이처럼 얇아져 불 꺼진 방에 누워있는 아버지, 만지면 사라질 것 같고 불을 켜면 영영 일어날 수 없을 것만 같다.

단팥빵이 가장 맛있다는 한마디를 남기고 아버지는 신호등이 점멸되듯 홀연히 시간 밖으로 나앉고 만다. 그토록 좋아하던 단팥빵마저 삼킬 수가 없었을까. 살고 싶어 숨죽여 기도하던 작은 몸은 어디에도 없었다. 어린 자식을 두고 떠날 수 없어 숱한 기도를 하늘에 바친 아버지의 빈자리에는 얼마나 많은 '상실감'이 다녀갔을까.

세상이 변하고 100세 시대가 되었지만 당시엔 평균 수명도 낮아 60세의 고비를 넘는 일은 쉽지 않았다. 60세를 넘기면 지인들을 초대하고 회갑 잔치를 크게 벌였다.

가장家長의 통솔에 따라 이뤄지는 자급자족의 경제 시

대에 가장이 없다는 것은 치명적이었다. 병약한 편모슬하에서 보낸 그 고달픈 시간들, 시의 여백에는 차마 하지 못한 말들이 눈물처럼 고여 있다. 시인은 과거를 통해 현재를 실천하고 미래를 계획한다. 풀지 못한 문제는 '부재'가 주는 '상실감'이었지만 이러한 불안감을 재배치시키는 방식은 자신의 감정에 침식侵蝕되지 않는 송영희 시인의 장점이다. 냉정한 이성이나 지성을 중시하는 주지시主知詩보다 불행을 당면한 개인의 진솔한 서사敍事가 시적 감동을 주고 있다.

혼자 사는 친구에게서 전화가 왔다
무슨 일로
그냥

생. 각. 이. 나. 서
흐릿한 목소리에
꽃피는 봄날에 공허함을 들켜 버린 친구

남편을 앞세우고 혼자 살아온 십 년
자궁암 임파선암 주렁주렁 매달고
투병 십오 년
슬픈 저녁을 책갈피에 끼우고 먼지처럼 늙어간다

〈
한 줌의 고요가 꽃 벽지에 걸려있고

뿌리 없는 고통이 숨결처럼 차오르면

그냥이라는 말 한마디

보고 싶다는 말보다는

더 보고 싶다는 말

방안 구석구석 수북이 쌓여 있다

- 「그냥」 전문

  우리는 얼마나 타인의 외로움과 '접속'하며 살아갈까. 존재라는 것은 누군가에게 인식되어야 한다. 오랜 시간 한자리를 지켜도 관계 밖으로 멀어져 타인과 소통하지 못한다면 그 존재는 없는 것이나 다름없을 것이다. 가장 두려운 건 기억되지 못하는 것이라고 한다. 사라진 존재에게 최소한의 배려는 그를 "기억해 주는" 것이다.

  '그냥'은 사전적 의미로 더 이상의 변화 없이 "그 상태 그대로"라는 뜻이다. 그러니까 아무 "조건이나 의미"가 없다는 것이다. '그냥'은 심심한 맹물 같은 시간이며, 그 밍밍하고 공허한 상태에서 벗어나고 싶다는 말이다. 질서라는 체계 속에서 공존하는 것은 끈끈한 우정의 힘이다.

  "남편을 앞세우고 혼자 살아온 십 년/자궁암 임파선

암/주렁주렁 매달고 투병 십오 년/슬픈 저녁을 책갈피에 끼우고 먼지처럼 늙어간다"고 한다. 암이 두 개나 된다니 얼마나 기구하고 힘든 삶인가. 뿌리 없는 고통이 온몸에 차오르면 위로를 받고 싶은 불안한 친구는 자신과 "연결된 뿌리"를 더듬는다. "보고 싶다"는 말보다는 "더 보고 싶다"는 '그냥'이 방안 구석구석 수북이 쌓였다고 한다. 자신을 둘러싼 환경과 그 관계에서 생겨나는 질문에 시인은 말없이 순응한다.

외로움은 개인의 문제가 아닌 사회적 질병으로 떠올랐다. 철학자 '폴 틸리히'는 "혼자 있는 고통을 표현하는 말은 외로움이고, 혼자 있는 즐거움을 표현하는 말은 고독이라고 정의했다. 1인 가구가 늘어나고 '혼밥' '혼술' '혼영' '혼족'이라는 신조어까지 생겼다. 혼자 보내는 시간이 증가되고 치매, 우울증 조기 사망까지 외로움이 미치는 영향도 크다. 외로움에 노출되면 하루 열다섯 개피의 담배를 피우는 것과 유사하다니 놀랍다. "이기적인 인간"을 서로 소통하며 공존하는 "사회적 인간"으로 살아가게 한다. '그냥'이라는 말은 외로움에서 구조해 달라는 신호였다.

황금빛 햇살이 빗금을 그으며 바다 위에 뿌려지고
아직 못다 한 일들이 많아

발자국을 남겼지만 뒤돌아서면 아무것도 없었다

눈 화장을 했다

시폰 치마를 입고 바닷가를 걸었다

마릴린 먼로 흉내도 내보고

엘리자베스 테일러의 미소도 지어 보았다

굳은 어깨와 휘어버린 젊음은 뜬소문처럼 지나가고

차마 흘릴 수 없는 울음

허기진 바람에게도 입술 자국을 남겼다

언제 돋았는지 초저녁 별들이 나를 바라보면

또다시 견딜 수 없는 기억들이 맨발로 달려오고

내일이면 다시 걸쳐 입어야 할 옷

산산이 부서지는 포말 위로

어디선가 흘러갈 곳을 찾지만

몸의 절반은 사라지고 없었다

- 「절반은 사라지고」 전문

 세월 앞에 '장사'는 없다. 몸이 지닌 물성物性은 시간이 흐름에 따라 점점 쇠하여 간다. 시간과 공간의 제약을 받는 무기력한 육체는 질병과 근심을 가져다준다. '적정선'을 지키는 시인이 포기하지 못하는 것이 있다. 노화가 시작되는 변곡점에서 체감한 실망감의 무게가 크다.

「절반은 사라지고」는 이 시집의 표제작이다. '상실감'을 다룬 「리모델링」도 같은 맥락으로 읽을 수 있다. 점점 변해가는 모습에 유화처럼 겹겹이 '물감'을 덧입혀도 아무 소용이 없다. 우리는 노년의 경계에서 변해버린 자신을 발견하게 된다. 돌아갈 수 없는 저편의 시간을 그리워하지만 '젊음'과 '늙음의 경계'는 건너갈 수 없는 거리에 있다. "절반의 모습"이 사라진 지금, 견딜 수 없는 기억이 맨발로 달려오고 내일이면 다시 걸쳐 입어야 할 옷이 대기 중이다.

시인은 정해진 목적지로 질주하는 노선을 바꾸려고 성형외과를 찾는다. 올리고, 당기고, 줄이고, 제대로 리모델링을 하는 비용이 이천만 원이다. 카드 개월 수를 부풀려 보아도 한도 초과, 남편은 웃고 아내는 울었다. 개인의 정체성은 그 개인이 속한 국가와 사회, 그 시대의 문화에서 영향을 받아 변하게 된다. 문화가 바뀌고 이제 성형은 일상에서 보편화되었다. 인간의 세계인식은 물질적인 "존재 차원"과 존재가치를 헤아리는 "의미 차원"으로 분류된다니 어느 것에 더 비중을 두어야 할까.

'시편'에서 드러나는 일상의 리얼리티는 시인의 "주관적인 시점"으로 이루어진 "정신적 산물"이다. 학교 갔다 오면 아파서 누워있는 무력한 엄마, 지병으로 일찍 떠나버린 아빠, 편입될 수 없는 유년의 기억은 심층에 '아픔'

으로 남아 있다. 그래서 시인은 변화에 더 예민한지도 모른다. 긴장과 이완이 반복되는 불행 앞에서도 당당하게 웃을 수 있는 "재치와 용기"는 삶에 적응하기 위한 '쉼표'와 같을 것이다.

   묘사와 진술이 조화를 이루는 송영희 시인의 시편들은 인식적 죽음인 '망각'까지도 소통의 범위 안으로 소환하여 존재하게 만든다. 타인을 배려하고 나눔을 좋아하는 시인의 따뜻한 품성은 가난하지만 넉넉한 부모의 사랑에서 비롯되었을 것이다. 불편한 심상心象과 마주하며 내성을 쌓아가는 시인은 감동적인 서정적 구조로 독자와 소통한다. 사소한 것들이 우리에게 다가와 아름답게 반짝이며 "삶의 의미"를 전해준다. 송영희 시인의 첫시집 『절반은 사라지고』는 삶에서 다양하게 변주되는 '희로애락'을 통해 잊고 살아가는 "삶의 진정성과 인간의 본질"을 깨닫게 한다.

상상인 시인선 077

절반은 사라지고

지은이 송영희
초판인쇄 2025년 7월 14일 **초판발행** 2025년 7월 18일
펴낸곳 도서출판 상상인 **편집주간** 황정산 **펴낸이** 진혜진
표지디자인 최혜원 **기획·마케팅** 전은빈 최유림 노혜림 정현수
책임교정 길상화 **편집** 세종PNP
등록번호 제572-96-00959호 **등록일자** 2019년 6월 25일
주소 06621 서울시 서초구 서초대로74길 29, 904호
전화번호 02-747-1367, 010-7371-1871
팩스 02-747-1877 **전자우편** ssaangin@hanmail.net

ISBN 979-11-7490-001-2 (03810)

값 12,000원

* 이 책은 전부 또는 일부 내용을 재사용하려면 반드시 저작권자와 도서출판 상상인의 동의를 받아야 합니다.

* 이 도서의 국립중앙도서관 출판시도서목록(CIP)은 서지정보유통지원시스템 홈페이지(http://seoji.nl.go.kr)와 국가자료공동목록시스템(http://www.nl.go.kr/kolisnet)에서 이용하실 수 있습니다.